L'ÉTRANGE NOËL DE MONSIEUR JACK

Édition établie par
Patrice Duvic

Nous remercions Philippe Videcoq et Christophe Lacroix, responsables de la version française du film.

Tim Burton's The Nightmare Before Christmas

Un roman de Daphne Skinner
Basé sur un film de Touchstone Pictures
D'après une histoire et des personnages de Tim Burton
Adaptation de Michael McDowell
Scénario de Caroline Thompson
Produit par Tim Burton et Denise Di Novi
Mise en scène de Henry Selick

Tim BURTON

Présente

L'étrange Noël de Monsieur Jack

Traduit de l'américain par
Carole d'Yvoire

POCKET

Titre original :
Tim Burton's Nightmare Before Christmas

Publié pour la première fois aux États-Unis
par Hyperion Books for Children

Cette édition est publiée avec l'accord
de Hyperion Books for Children

Loi n° 49-956 du 16 juillet 1949 sur les publications destinées à la jeunesse : décembre 1994.

ISBN 2-266-06510-6

CHAPITRE PREMIER

Par une nuit de pleine lune, dans un monde étrange qu'on appelle Halloween, les maîtres de l'épouvante s'affairaient. Des lanternes en forme de citrouilles ricaneuses étaient plantées sur des piquets autour du cimetière. Des loups-garous poussaient des hurlements à la ronde. Cadavres, vampires et sorcières menaient la danse et joignaient leurs voix lugubres à ce chœur macabre et joyeux. Tous célébraient cette nuit, la plus affreuse de toutes : la nuit de Halloween !

La soirée avait été exceptionnelle. Les habitants de la ville, rassemblés sur la place principale pour célébrer cet événement, étaient bien d'accord là-dessus. Ils étaient aussi d'accord pour dire que rien n'aurait été possible sans leur chef, le roi des Citrouilles, Jack Skellington, dit « le Squelette ».

La foule poussa des cris sauvages quand Jack fit son entrée. Les compliments déferlèrent :

— Tu étais épouvantable, Jack ! cria un vampire.

— Terrifiant ! ajouta un loup-garou.

— Infernal ! Ensorcelant ! gloussèrent les deux sorcières les plus ratatinées de tout Halloween.

De nouveau, tout le monde hurla de joie quand le maire félicita à son tour le héros de la nuit :

— Merci, Jack, dit-il d'une voix tonitruante en tapant sur les épaules du Squelette. Nous te devons tout ! Sans toi, je ne sais pas ce que...

Jack l'interrompit :

— Mais non, pas du tout.

Il y avait une trace d'impatience dans sa voix, ou était-ce quelque chose d'autre ? Mais le maire ne remarqua rien. Il était bien trop occupé à maintenir l'attention de la foule, fixée sur ce qu'il considérait le plus important, à savoir : lui-même.

— Et maintenant, c'est avec un immense plaisir que je vais remettre nos prix, annonça-t-il. Le premier trophée revient de droit à nos bons vampires pour avoir sucé cent litres de sang en une seule nuit. Mes félicitations, chères Dents pointues, ajouta-t-il sous les acclamations du public. Le deuxième prix, poursuivit-il, est attribué aux sangsues du Lac noir, qui, elles aussi, ont fait preuve d'un solide appétit…

La foule manifesta de nouveau sa joie, et Jack profita de l'occasion pour s'éclipser. C'était étrange, mais tous ces applaudissements lui pesaient, ce soir. Il avait besoin de se remonter le moral. Aussi se dirigea-t-il vers le cimetière.

Il était si préoccupé qu'il ne remarqua pas la frêle et mélancolique silhouette de Sally la Poupée de chiffons, qui l'observait. Sally était triste elle aussi. Elle avait de bonnes raisons pour cela. Elle avait été créée par le docteur Finkelstein, dit le Savant fou, qui avait fait d'elle son esclave. Sally avait beau essayer d'échapper à son cruel maître, elle n'y parvenait pas. Bien qu'il ne se déplaçât qu'en fauteuil roulant, il déjouait sans mal tous les plans d'évasion de la poupée.

Sally soupira et s'assit contre une pierre tombale. Elle avait essayé de s'échapper cette nuit encore, mais le Savant fou l'avait rattrapée... enfin presque. Dans la bataille qui les avait opposés, il lui avait arraché un bras avant qu'elle ne réussisse à s'enfuir et parvienne jusqu'au cimetière.

Un bras, ce n'était rien pour Sally : en bonne couturière, elle parvenait toujours à recoudre ses membres de chiffons. Pourtant, il fallait à tout prix qu'elle se libère du docteur Finkelstein. Mais comment ?

Soudain, un bruit la tira de ses sombres réflexions. C'était Jack Skellington qui marchait entre les tombes, d'un pas traînant, les épaules voûtées et le crâne bas. Sally n'en crut pas ses yeux. Jack avait l'air... triste ! Jack, triste ? C'était impossible. À Halloween, tout le monde l'adorait. Que s'était-il passé ?

Elle eut bientôt la réponse, car le Squelette fatigué s'était arrêté tout près de l'endroit où la poupée était assise. Sally put entendre chaque mot qu'il marmonnait. À son grand étonnement, Jack se plaignait. Il parlait de tristesse, de lassitude, d'ennui, de déception.

— Tous les ans, c'est la même chose, la même routine, disait-il en s'adressant à Zéro, son petit chien-fantôme, qui flottait à ses côtés, le museau rouge luisant dans la nuit. Terreur. Horreur. Cris et gémissements. Je passe ma vie à faire peur à tout le monde, et même les plus courageux s'enfuient. Mais je suis fatigué d'entendre ces cris, Zéro. Ça ne m'amuse plus. Je commence à me demander à quoi je sers, pourquoi je me donne tant de mal. (Jack poussa un long soupir.) J'en ai plus qu'assez de cette vie. Je voudrais faire quelque chose de différent, mais je ne sais pas quoi. Pourquoi est-ce que je n'arrive pas à trouver ? Pourquoi ?

Sally sentit son cœur de chiffons battre plus fort. Jack souffrait, lui aussi ! Elle se leva :

— Je sais ce que tu ressens, murmura-t-elle d'une toute petite voix, espérant qu'il l'entendrait.

Mais c'était trop tard. Accablé de chagrin, Jack était déjà parti.

Une larme coula sur le visage de Sally. Puis, avec son unique bras, elle commença à cueillir un bouquet de belladones pour le Savant fou. Une fois malaxées et bouillies, ces plantes vénéneuses feraient un excellent somnifère. Sally était prête à tout pour s'échapper.

CHAPITRE II

Le lendemain, il faisait un temps merveilleux. Le ciel était d'un noir lugubre, et un vent à vous glacer les os soufflait sans répit sur la ville. Mais il n'y avait presque personne pour se réjouir d'une si belle journée. La plupart des habitants de Halloween dormaient. Dans cette ville, on vivait la nuit.

Le maire, lui, était tout à fait réveillé. Il avait des choses très importantes à faire. Tandis que toutes les bonnes sorcières et tous les loups-garous faisaient d'abominables rêves, il traversa la ville à fond de train, dans son corbillard, l'air préoccupé : il fallait préparer au plus vite le prochain Halloween. Mais pour ça, il avait besoin de Jack Skellington.

Le maire arrêta son corbillard devant

la tour où vivait Jack et en descendit, les bras chargés de graphiques, de listes, de plans. Il sonna une fois, deux fois, trois fois, six fois, sans obtenir de réponse.

— Jack ! cria-t-il, j'ai le programme de l'année prochaine ! Il faudrait s'y atteler sans tarder. Je voudrais qu'on en parle ensemble.

Silence.

— Jack, je t'en prie ! cria-t-il encore, une note de désespoir dans la voix. Après tout, je ne suis qu'un élu de la ville. Je ne peux pas prendre de décisions tout seul. J'ai besoin de toi, Jack !

Silence profond.

Alors, le maire se fâcha. Comme la plupart des hommes politiques, il avait deux visages, dont il usait à sa guise. Selon son humeur : pile, il souriait, face, il grondait. Il hurla, de sa voix la plus autoritaire :

— Jack ! Réponds-moi !

Mais cela n'eut pas plus d'effet. Quand le maire comprit enfin que Jack n'était pas chez lui, nombre de questions s'agitèrent dans sa cervelle. Où était passé Jack ? Et s'il avait disparu ? Mais alors, qui préparerait le prochain Halloween ?

Le plus étonnant était que Jack lui-même ignorait où il se trouvait. Il avait marché, des heures durant, sans but, et s'était éloigné de Halloween sans s'en apercevoir. Il avait échoué dans une sombre et profonde forêt. Un aboiement impatient de Zéro le tira soudain de son humeur maussade. Jack regarda autour de lui, troublé, comme s'il sortait brusquement d'un rêve.

— Zéro, où sommes-nous ? demanda-t-il.

Le petit chien se mit à gémir. Il était perdu, lui aussi. Dans les arbres, on entendit le vent soupirer.

Jack était entouré d'arbres gigantesques et mystérieux au sommet desquels perçait la pâle lueur des étoiles. Dans les troncs des arbres, on avait sculpté des portes aux formes étranges. Jack n'avait jamais rien vu de pareil.

— Mais qu'est-ce que c'est ? murmura-t-il.

Il examina chaque arbre, tour à tour. La première porte représentait un œuf, décoré de fleurs et de rayures colorées. La deuxième, un immense cœur. La troisième, un trèfle à quatre feuilles. Mais celle qui fascinait le plus Jack avait la forme d'un arbre, orné de guirlandes et couronné d'une étoile. Il s'en approcha.

La porte grinça, comme pour inviter Jack à entrer. Il ne put résister.

Il ouvrit la porte. Tout était silencieux. Soudain, telle une immense main glacée, un tourbillon de vent froid s'enroula autour de Jack et l'entraîna à l'intérieur. Il hurla de terreur, mais seul Zéro entendit son cri. La porte se referma brusquement, avec un bruit sec. Zéro se retrouva seul, sans pouvoir rien faire.

CHAPITRE III

Jack entendit ses os craquer. Il était allongé sur quelque chose de froid et, pourtant, quelle étrange sensation de douceur et de réconfort ! Il ouvrit les yeux et aperçut d'abord le ciel, qui scintillait d'étoiles. Puis il vit... du blanc ! Du blanc partout, qui recouvrait tout — terre, arbres, maison — d'un doux éclat.

Jack prit une poignée de cette chose blanche. C'était froid, poudreux, et on pouvait en faire une jolie boule. « Mais, qu'est-ce que c'est ? » se demanda-t-il.

Il lança la balle en l'air, la suivit des yeux et l'entendit tomber avec un bruit sourd, plutôt agréable.

Sa découverte lui plut énormément. Il se leva d'un bond. Il se sentait soudain aussi léger qu'un nuage et avait hâte de tout explorer.

Cette ville ne ressemblait pas du tout à Halloween. On y chantait à tous les coins de rue. Partout, les lutins se lançaient en riant des boules de cette chose blanche. Les arbres étaient couverts de décorations brillantes et couronnés d'étoiles. À l'intérieur des maisons — petites, douillettes —, des gens étaient réunis. Ils parlaient, lisaient, chantaient, s'enlaçaient même et s'embrassaient. Jack poursuivit son chemin, enchanté de tout ce qu'il découvrait.

Il remarqua un autre fait étrange. Il n'avait entendu aucun cri dans cette ville, rien que des rires et des mélodies. Les odeurs, qui flottaient dans la nuit fraîche étaient agréables : parfums de tartes et de gâteaux ; nulles senteurs de marais puants, de fumées âcres, ou d'infâmes ragoûts de sorcière. Ici, les enfants dormaient tous paisiblement, sans être agités de cauchemars. Ils étaient heureux. Tout le monde, dans cette ville, était heureux !

Jack souriait. Il ne pouvait pas s'en empêcher. Il était heureux, lui aussi ! Incroyable ! « Mais, où suis-je ? » se demanda-t-il. C'est alors qu'il vit le panneau :

NOËL-VILLE

— Noël-Ville ? murmura Jack, hum...

Pendant ce temps-là, à Halloween, personne ne souriait. Bien au contraire. Les visages étaient lugubres ; ça grognait, ça gémissait. On n'avait toujours pas retrouvé Jack. Et tout le monde était très inquiet.

— Il faut dénicher Jack, disait le maire en s'adressant à la foule qui s'était rassemblée sur la place. Il ne nous reste que 365 jours avant le prochain Halloween !

— 364 ! cria un loup-garou, d'un ton très préoccupé.

— Vous êtes sûrs que nous avons fouillé partout ? demanda le maire. Réfléchissez bien. Répondez-moi.

— J'ai soulevé les pierres tombales une par une, siffla un vampire.

— On a ouvert toutes les cryptes, gémirent les sorcières.

— J'ai ratissé le cimetière ! hurla le loup-garou, mais il n'y était pas.

Les visages s'assombrirent encore. Le moral était au plus bas. Où donc était passé Jack ?

— Il ne nous reste plus qu'à sonner l'alarme, décida le maire.

On entendit alors un miaulement aigu et déchirant : le signal d'alarme de la ville. Le bruit, affaibli par la distance, parvint aux oreilles de Sally alors qu'elle s'affairait à la cuisine. Elle avait préparé un bouillon de sa fabrication. Une spécialité qu'elle avait surnommée : « Nocturnaline », et qu'elle présenta au Savant fou comme un simple déjeuner. Le breuvage, à base de belladones, contenait de quoi endormir le docteur pour une semaine, si tout allait bien. « Ça, ce serait vraiment chouette, pensa Sally, en posant le bol fumant devant le docteur. Je pourrais alors m'enfuir très loin. »

— Servez-vous, dit Sally au docteur.

Le docteur mis en appétit renifla la soupe, mais reposa brusquement sa cuillère.

— Tu as mis de l'haleine de crapaud, là-dedans, grogna-t-il.

— Et alors ? dit Sally de son ton le plus innocent, je croyais que vous aimiez bien ça.

Elle avait cru défaillir. En effet, elle avait ajouté de l'haleine de crapaud pour masquer l'odeur du poison. En aurait-elle trop mis ?

— S'il y a bien quelque chose dont je me méfie, c'est de l'haleine de crapaud, dit le docteur Finkelstein en plongeant sa cuillère dans le bol. (Il la tendit à Sally.) Tant que tu n'auras pas goûté la première à ce potage, je n'en prendrai pas.

Sally prit la cuillère et la renversa avec un rire nerveux.

— Je n'ai pas faim, déclara-t-elle.

Le docteur la regarda de son air le plus malveillant.

— Tu préfères que je meure de faim, c'est ça ? Moi, un pauvre vieillard malade. Ingrate ! Tu me dois la vie, ne l'oublie pas !

— Allons, ne soyez pas ridicule ! dit Sally.

En fait, Sally avait préparé un tour de passe-passe à sa façon. Faisant semblant de ramasser le couvert, elle glissa une main dans sa chaussette et en retira une cuillère percée de plusieurs trous. Elle la plongea dans la soupe et, avec force bruit, feignit d'avaler une gorgée.

Grâce à son stratagème, le liquide était retombé dans le bol sans que le docteur s'en aperçoive. Sally poussa un grand soupir de soulagement en le voyant boire d'un trait la mixture.

— Vous voyez, lui dit-elle, vous faites des histoires pour rien. C'est délicieux, n'est-ce pas ?

« Bientôt, se dit-elle, bientôt, je serai libre ! »

CHAPITRE IV

A l'heure où les chauves-souris vont boire, le désespoir s'était installé sur la place de Halloween. Le maire, allongé sur le toit de son corbillard, regardait la nuit tomber d'un air sombre, misérable. Mais où était Jack ?

Il aurait donné n'importe quoi pour le savoir.

La lune se dessina dans le ciel. Au même moment, on entendit un aboiement au loin, suivi d'un étrange ronflement qui se rapprocha, de plus en plus sonore.

— Zéro... ? Jack... ?

Le maire osait à peine espérer. Il se releva d'un bond. Un frémissement d'excitation parcourut la foule.

Le ronflement devint un vrombissement assourdissant, et Jack fit une entrée fracassante sur la place, à bord d'une motoneige d'un rouge éclatant. Zéro le suivait, le museau toujours luisant dans la nuit, jappant, surexcité.

Un tonnerre d'applaudissements éclata sur la place. Le maire hésita sur la mine à prendre. Quel visage allait-il montrer ? Naturellement, il choisit le côté face, celui de la colère.

— Où étais-tu passé ? vociféra-t-il, on était fous d'inquiétude.

— Convoquez une assemblée extraordinaire. Je vous expliquerai tout à ce moment-là, répondit Jack avec un sourire.

Jack souriait encore, quelques heures plus tard, alors que la mairie se remplissait. Il avait de grandes nouvelles à annoncer à ses amis. Ils étaient tous venus, un peu troublés, mais impatients d'en savoir plus. Sally, qui avait pu échapper au Savant fou, se pressait comme les autres dans la foule. Jack monta sur l'estrade, salué par un murmure général où l'on devinait la curiosité. Quand il essaya de décrire Noël-Ville, la curiosité se transforma en perplexité.

Noël-Ville ? C'était quoi ça ?

— C'est une ville incroyable, extraordinaire, je n'ai jamais rien vu de pareil, expliqua Jack. Je... je ne sais pas comment vous la décrire, mais ce n'est pas un rêve, cette ville existe, aussi vrai que je m'appelle Jack Skellington.

Le public semblait désorienté. Heureusement, Jack n'était pas venu les mains vides. Il se tourna vers une table, à côté de lui, sur laquelle s'empilaient des cadeaux de Noël.

— Attendez, je vais vous montrer, vous allez comprendre, dit-il. (Il prit une boîte recouverte d'un papier d'emballage aux couleurs vives.) Voici ce qu'on appelle un cadeau. Il s'agit là d'une boîte de bonbons...

— Une boîte de bubons qui donnent la peste ! s'exclama un démon. C'est charmant, la peste !

— Non ! s'écria Jack, dont le sourire commençait à s'évanouir. Ce n'est qu'un simple paquet, avec du papier coloré, un ruban...

— Un ruban ? dit une sorcière, mais pour quoi faire ?

— Quelle horreur ! commenta une autre sorcière. Et qu'est-ce qu'il y a dans cette autre boîte ?

— Justement, on est censé ne pas le savoir, répondit Jack.

Ne pas savoir ? Mais qu'est-ce qu'il racontait ? La foule, troublée, s'agita comme les cyprès sous le vent. Jack décida alors de s'y prendre autrement. Il prit une grande chaussette rouge et la souleva en déclarant :

— Chaque habitant de Noël-Ville suspend une chaussette de cette taille au mur...

— Est-ce que le pied coupé se trouve encore dedans ? l'interrompit quelqu'un. Laisse-moi voir !

— Moi aussi, je veux voir ! dit un autre, est-ce qu'il est pourri et couvert de vermine ?

Jack ne souriait plus du tout maintenant. On pouvait lire la déception sur son visage.

— Il n'y a pas de pied à l'intérieur, répondit-il, en essayant de garder son calme. On remplit cette chaussette de bonbons et, parfois, de petits jouets.

— Des petits jouets ?

— Est-ce qu'ils coupent ?

— Est-ce qu'ils explosent ?

— Est-ce qu'ils font peur aux enfants ?

Jack comprit que c'était un dialogue de sourds. Ces individus-là ne comprendraient jamais l'esprit de Noël. « Je ferais mieux de leur donner ce qu'ils veulent, se dit-il, des choses qui fichent la frousse, genre Halloween. » Alors, il se pencha comme pour leur confier un terrible secret :

— J'ai gardé le meilleur pour la fin. À Noël-Ville, l'homme qui dirige tout est un roi puissant, redoutable, à la voix caverneuse. Au plus sombre de la nuit, il part chasser avec son traîneau. Ce qu'il préfère, ce sont les enfants.

À ces mots, la foule se calma instantanément.

— Il est grand, tout rouge comme un homard, continua Jack, et on l'appelle... le Perce-Oreille !

Ses paroles firent frissonner l'assistance. Et tandis que les conversations allaient bon train, Jack rangea lentement ses souvenirs de Noël-Ville. La réunion ne s'était pas tout à fait déroulée comme il l'espérait. Parviendrait-il jamais à leur faire comprendre l'esprit de Noël ? En serait-il capable ? Jack rentra chez lui en soupirant : non, vraiment, il ne le savait pas.

CHAPITRE V

Jack avait passé la nuit dans sa tour, au milieu du bric-à-brac qu'il avait rapporté de Noël-Ville — boules neigeuses, sucres d'orge en forme de canne, houx — sans trouver de solution. Soudain, il eut une illumination : il allait faire quelque chose de tout à fait nouveau pour lui : une expérience scientifique !

— Mais oui ! s'écria-t-il, en faisant claquer ses doigts squelettiques. C'est ça ! Pour isoler l'esprit de Noël, il faut produire une réaction chimique. Tu es génial, Jack !

Après un petit voyage à la maison du Savant fou (qui ne dormait plus du tout), pour lui emprunter du matériel, Jack se mit aussitôt au travail. Il installa son laboratoire en haut de la tour. Microscopes, centrifugeuses, éprouvettes, alambics : rien ne manquait à son petit atelier d'apprenti-chimiste. Il commença les premiers tests sur le gui, le sucre d'orge, l'ours en peluche, sans obtenir aucun résultat. Il aperçut alors une boîte remplie de décorations de Noël : des boules de toutes les couleurs, des anges, une étoile scintillante.

— Humm..., murmura-t-il, qui sait ? Ça pourrait marcher. Essayons toujours.

Il brisa l'étoile et versa les minuscules débris dans un alambic. Au début, aucune réaction ne se produisit. Soudain, cela se mit à briller et à palpiter. La pièce fut inondée d'une belle et douce lumière verte. « Mais que se passe-t-il ? » se demanda Jack qui regardait, médusé, cet éclat surnaturel.

Il n'était pas le seul à admirer cet étrange phénomène, cette lumière verte qui semblait battre comme un cœur. Tout en haut de la tour, Sally, qui était à nouveau prisonnière du docteur Finkelstein, contemplait ce prodige, fascinée.

Sally désirait plus que jamais fuir loin du Savant fou. Mais pour la première

fois de sa vie si solitaire de poupée de chiffons, elle voulait s'échapper pour retrouver quelqu'un. Et cette personne, c'était Jack. Sally était tombée éperdument amoureuse de lui.

Elle lui avait préparé un cadeau, un de ses enchantements préférés. Après avoir mis le flacon dans un panier, elle fit descendre celui-ci à l'aide d'une corde. Comme le sol paraissait loin ! Pendant un court instant, Sally faillit renoncer. Mais la pensée de pouvoir rejoindre Jack lui redonna courage. Quand le panier atterrit par terre, Sally rassembla toutes ses forces... et sauta.

Elle fit si peu de bruit en tombant que personne, pas même le Savant fou — à qui rien n'échappait —, ne put l'entendre. Bien sûr, elle perdit un bras et une jambe dans sa chute, mais ce n'était pas grave. Elle avait pensé à tout : sortant de sa poche sa fidèle aiguille à coudre, elle commença à se raccommoder. Sally se rafistola si rapidement que, quelques instants plus tard, elle arrivait au pied de la tour. Elle attacha son panier à la corde de la poulie et tira dessus pour le faire monter jusqu'à la fenêtre éclairée.

Quand le panier de Sally arriva jusqu'à Jack, ce dernier était plongé dans une nouvelle équation : cadeaux + gui + boules de neige = fête de Noël. Elle lui paraissait aussi juste que les autres, et pourtant aucune ne marchait. Jack se gratta le crâne. Il commençait à avoir la migraine.

C'est à ce moment qu'il aperçut le panier. Il se précipita à la fenêtre, ravi de cette distraction. Lorsqu'il vit le visage radieux de Sally, qui le contemplait, il se sentit beaucoup mieux, sans savoir pourquoi. Il remarqua alors le flacon, dans le panier. Il l'ouvrit. Un minuscule nuage sortit de la bouteille et flotta au-dessus de sa tête, avant de se métamorphoser en un magnifique papillon fantôme.

« C'est ravissant ! » se dit Jack. Il se pencha par la fenêtre pour remercier Sally, mais elle avait disparu.

Bien que Sally ait trouvé le courage de sauter de quinze mètres de haut, elle avait été saisie d'un accès de timidité lorsque Jack lui avait souri. Cet embarras avait été si puissant qu'il l'avait fait fuir loin de la tour. Elle se trouvait maintenant assise, aux portes de la ville, se demandant si Jack partageait ses sentiments. Il n'y avait qu'un moyen de le savoir.

Sally prit une fleur et commença à en arracher les pétales, un par un, en récitant : « Il m'aime, un peu, beaucoup, passionnément, à la folie, pas du tout. Il m'aime, un… » Soudain, il se passa quelque chose de très étrange. La fleur que Sally tenait dans sa main commença à tournoyer et se transforma en un arbre de Noël miniature ! Sally le contempla, perplexe. Était-ce un mauvais présage ? Elle l'ignorait. Tout à coup, le petit arbre explosa en une multitude de flammes. Il disparut, laissant Sally dans l'obscurité la plus complète, toute déconcertée et glacée jusqu'aux os.

CHAPITRE VI

Cette nuit-là, Sally n'était pas la seule à patauger dans l'obscurité. Là-haut, dans sa tour, Jack lui aussi avait les idées complètement brouillées. Il avait posé cinquante-six nouvelles équations et procédé à de multiples expériences avec toutes sortes d'objets, des petits trains aux guirlandes. Il avait lu des contes, avait appris par cœur des chants de Noël. Il avait agi avec méthode et rigueur. Mais tout cela n'avait servi à rien. En dépit de tous ses calculs, Jack n'avait pas réussi à isoler l'esprit de Noël. Il n'était pas plus avancé qu'au début.

Il grogna et se couvrit les yeux dans un geste de désespoir. Quand il les rouvrit, son regard se posa sur l'alambic illuminé de vert. La lumière, affaiblie, était toujours aussi belle. Jack reprit espoir. Il trouverait la solution, même s'il devait y passer des nuits et des nuits !

Soudain, dans un éclair de lucidité, il comprit enfin. « J'ai tout fait de travers, se dit-il, je n'arriverai jamais à transformer Halloween en Noël-Ville, c'est impossible, nous sommes trop différents. Mais ce n'est pas grave. On peut faire mieux encore. Nous n'avons qu'à fabriquer nous-mêmes les cadeaux pour tous les enfants de la Terre. Nous fêterons Noël à notre façon ! » Jack sourit. Il était temps de convoquer une nouvelle assemblée.

Le maire ne savait plus où il en était. Une assemblée par-ci, une assemblée par-là, toute cette agitation lui donnait le tournis. Mais que se passait-il donc ?

Malgré sa confusion, le maire savait qu'un bon dirigeant devait se montrer résolu, ou du moins le paraître. Lorsqu'il rejoignit Jack à la mairie, il fit donc de grands efforts pour montrer son côté souriant — le côté pile —, son air : « J'ai les choses en main ». Qui sait ? L'idée de Jack n'était peut-être pas si mauvaise, après tout. L'important, c'était d'agir comme si tout cela était parfaitement normal et faisait partie d'un plan ingénieux que lui seul avait imaginé.

Comme c'était difficile ! Le maire fit de son mieux pour paraître très au fait des choses, tandis que Jack distribuait les tâches. Les loups-garous se virent confier la préparation des gâteaux de Noël ; le Savant fou devait fabriquer ces étranges animaux volants qui portent des branches sur leur tête ; les vampires, eux, s'occupaient des jouets. Jack mit tout le monde à contribution, y compris les plus méchants farceurs professionnels de Halloween : Am, Stram, et Gram.

Quand ces derniers apparurent dans la salle, un sourire malfaisant aux lèvres, le visage dissimulé sous leurs masques ridicules, le maire ne put retenir un frisson. Ce n'était pas parce que ces petits démons, sorcière et goule, ne cessaient de jouer des tours, activité des plus honorables à Halloween. Non, il y avait autre chose qui le faisait frémir.

Am, Stram, Gram étaient sournois, tricheurs, malins comme la peste. On ne savait jamais ce qu'ils vous réservaient. Et il y avait Boogie-Woogie, le croque-mitaine. C'est lui qui les avait créés, il était le chef de ces trois vauriens. Quand il pensait à Boogie, le maire avait envie de hurler.

Ignoble, infâme, Boogie était un énorme sac ventru, rempli d'affreux insectes et d'horribles serpents, qu'on voyait ramper à travers ses coutures un peu lâches. À la nuit tombée, Boogie se livrait à son activité préférée : la chasse. Il poursuivait tout ce qui se trouvait à sa portée. Bêtes, êtres humains : tout lui était bon. Car Boogie avait toujours faim. C'était la créature la plus effrayante de tout Halloween.

— Jack ! Jack ! gémit le maire, la bande de Boogie est là !

Jack conserva son sourire. Au grand étonnement du maire, il semblait même content de voir ces petits démons.

— Ah ! les pires farceurs de Halloween, dit-il, en se penchant pour leur caresser la tête. J'ai du travail pour vous, mais c'est top secret. Ça demande du métier, et beaucoup d'habileté.

Les yeux de Stram brillèrent sous son masque de sorcière.

— Et dire qu'on croyait que tu ne nous aimais pas, Jack, dit-elle avec un petit gloussement.

Jack s'agenouilla et lui souffla à l'oreille :

— Personne, je dis bien personne, ne doit être au courant !

Le maire n'en croyait pas ses yeux. Non seulement Jack avait invité Am, Stram, Gram, mais en plus il complotait avec eux ! Que se passait-il donc ?

Jack remarqua à peine la stupéfaction du maire. Il était trop occupé à expliquer au trio la partie la plus importante de son plan, celle qui concernait Perce-Oreille. Quand il eut fini, il les regarda longuement, d'un air sévère, avant d'ajouter :

— Une dernière chose : pas un mot de tout ça à Boogie.

— Bien sûr, Jack, approuva Am.

— Comme tu voudras, Jack, ajouta Stram.

Jack Skellington est l'idole des monstres de Halloween, mais il commence à en avoir assez de faire peur.

Sally la Poupée de chiffons, cachée derrière une pierre tombale, écoute les lamentations de Jack.

Zéro, le chien-fantôme, est l'ami fidèle de Jack.
Il accompagne partout son maître.

Jack aperçoit un arbre
dans lequel s'ouvre une porte mystérieuse.

De l'autre côté de la porte, Jack découvre Noël-Ville, un endroit aussi étrange que merveilleux.

Jack réunit tous les monstres et fantômes de Halloween, pour leur parler de Noël-Ville.

Jack essaie de comprendre l'esprit de Noël,
mais son flocon de neige n'est pas vraiment au point.

Jack cherche à résoudre l'équation
qui expliquerait la magie de Noël.

Am, Stram, Gram, les trois plus affreux garnements de Halloween partent pour kidnapper le Père Noël.

Kidnappé par erreur, le lapin de Pâques fait la connaissance des citoyens de Halloween.

Am, Stram, Gram frappent à la porte du “Perce-Oreille”.

Le Père Noël ne se doute pas que les affreux garnements viennent pour le kidnapper.

Prenant la place du Père Noël, Jack commence à distribuer des cadeaux qu'il a choisis lui-même.

Jack est plein de bonnes intentions, mais ses cadeaux terrifient tout le monde.

A Halloween, il y a un épouvantable croque-mitaine qui s'appelle Boogie-Woogie.

Sur une colline enneigée, Sally et Jack se disent des mots d'amour.

— Tu n'y penses pas, Jack ! s'écria Gram.

À chaque réponse, l'un puis l'autre croisait les doigts derrière son dos. Jack ne pouvait pas imaginer qu'ils mentaient effrontément !

Les trois petits monstres sortirent à la hâte de la mairie, gloussant joyeuscment. Jack souriait. Son rêve allait se réaliser, pensait-il. Il était loin de se douter qu'en peu de temps, toute l'affaire tournerait au cauchemar.

Am, Stram et Gram adoraient les cauchemars. Tout contents, ils rentrèrent chez eux, dans leur cabane perchée sur un vieil arbre décrépit qui surplombait un ravin à pic. Une fois arrivé, l'épouvantable trio s'assit. Ils ôtèrent leur masque et se regardèrent en souriant. Leur visage était exactement celui de leur masque, mais personne à Halloween ne le savait, excepté Boogie.

Ils se mirent à réfléchir à leur futur méfait. Comment allaient-ils s'y prendre ?

Am, qui exprimait souvent tout haut ce que les autres pensaient tout bas, proposa de tendre un piège à Perce-Oreille, puis de le jeter vivant dans une grande marmite, comme un homard. Soudain, il eut une meilleure idée. Et s'ils l'attaquaient au canon ? Ça, ce serait vraiment drôle !

Stram, le cerveau de l'opération, rejeta ces suggestions ridicules. À quoi servirait Perce-Oreille s'il était réduit en miettes ? Et puis Jack ne serait pas content. Mais, après tout, l'opinion de Jack comptait-elle vraiment ? Une fois Perce-Oreille capturé, en bon état bien sûr, ils le laisseraient un peu à Jack, avant de le livrer à Boogie. Après tout, ils travaillaient pour lui. Ils devaient rester du bon côté. Et rien ne pouvait lui faire plus plaisir qu'un bon, gros et juteux homme-homard. Le trio ricana en signe d'accord. Quelle idée géniale ! Ils grimpèrent dans leur baignoire aux pieds fourchus, et partirent comme une flèche à la recherche de leur proie.

CHAPITRE VII

Bien sûr, Jack ignorait tout des machinations de Am, Stram et Gram. Il était trop occupé à mettre en œuvre ses propres projets, qui prenaient forme d'heure en heure. Il distribua ses consignes à tous les habitants de Halloween, du plus petit monstre au plus grand spectre. Tout le monde devait participer aux préparatifs de Noël, même l'orchestre officiel de la ville qui, chaque jour, jouait des airs lugubres dans la rue. Quand Jack leur demanda s'ils pourraient apprendre *Mon beau sapin*, ils l'assurèrent qu'ils en étaient parfaitement capables. Comme la plupart des habitants de Halloween, ils ne pouvaient rien refuser à Jack. Ils l'aimaient bien et l'auraient suivi n'importe où.

Sally, elle, aimait Jack d'un amour tendre. Lors de la réunion, quand il se tourna vers elle pour lui dire : « Sally, j'ai besoin de toi, plus que de n'importe qui », elle se sentit prête à déplacer des montagnes pour lui.

Il lui demanda de confectionner un costume de Perce-Oreille. Elle accepta, mais le cœur n'y était pas. En fait, Sally avait un mauvais pressentiment. Elle ne pouvait s'empêcher de penser au petit arbre de Noël qui avait brûlé devant elle. Aussi essaya-t-elle de dissuader Jack :

— Jack, je t'en prie, écoute-moi : on court à la catastrophe.

— C'est impossible, répondit-il, en lui montrant un patron du costume de Perce-Oreille, tu n'as qu'à suivre le modèle.

— Ça ne marchera pas, Jack, insista Sally, qui revoyait l'image sinistre de l'arbre en flammes.

Mais son obstination se révélait inutile. Jack ne pensait qu'à une chose : son déguisement.

— Ne sois pas si modeste, répondit-il, tu es très douée, ce sera parfait.

Sally abandonna. Puisqu'elle ne pouvait sauver Jack, pensa-t-elle, elle devait au moins coudre pour lui. Elle se dirigea vers la place, où commençaient les préparatifs de Noël.

Sur le chemin, elle fut bousculée par Am, Stram et Gram. Ils arrivaient en courant, traînant derrière eux un énorme sac qui s'agitait violemment.

— Jack ! crièrent-ils, ça y est, on l'a attrapé ! On l'a eu !

Le cœur de Jack se mit à battre très fort.

— Ouvrez-moi ça, s'écria-t-il, dépêchez-vous !

Gloussant d'excitation, les méchants farceurs ouvrirent leur sac. Un énorme lapin rose en sortit d'un bond, l'air très mécontent.

— Mais, ce n'est pas Perce-Oreille ! s'exclama Jack.

— Ce n'est pas lui ? dit Stram.

— Mais, alors qui est-ce ? demanda Gram.

Jack n'en savait rien. Il n'avait jamais vu de lapin de sa vie, et encore moins de lapin de Pâques[1] géant comme celui-ci, mais il était sûr d'une chose : ce n'était pas Perce-Oreille !

Quand il le leur répéta, Am, Stram et Gram protestèrent.

— On a suivi tes instructions à la lettre, se plaignit Am.

— On a frappé à la porte, dit Gram.

— Mais quelle porte ? demanda Jack, je vous avais dit qu'il y en avait plusieurs. Il fallait passer par la porte en forme d'arbre, comme celui-ci, ajouta-t-il en leur montrant un sapin de Noël en carton découpé.

— Allez ! Ramenez-le chez lui, leur ordonna-t-il.

Les petits farceurs étaient fort désappointés. Ils firent donc ce que font tous les démons quand ils sont déçus : ils commencèrent à se bagarrer, rejetant la faute sur l'un puis sur l'autre. Il y eut une mêlée générale : Stram serrait la gorge de Am, Gram tapait sur la tête de Stram.

1. Aux États-Unis, le lapin de Pâques est le symbole de Pâques. *(N.d.E.)*

Jack, d'habitude très patient, jugea qu'ils dépassaient les bornes. Il fit donc ce qu'il réservait en général aux heures les plus sombres de la nuit de Halloween : il se mit à secouer ses os, provoquant un bruit épouvantable à donner la chair de poule aux plus endurcis. Le trio s'arrêta aussitôt.

Le silence enfin obtenu, Jack se tourna vers le lapin de Pâques, dont le museau rose frémissait de peur.

— Je suis navré pour tout ce dérangement, monsieur, dit-il, si vous voulez bien reprendre votre place dans le sac, mes amis vous ramèneront chez vous sur-le-champ.

Le lapin de Pâques ne se le fit pas dire deux fois, et retourna d'un bond dans le sac. Am, Stram et Gram s'éloignèrent avec leur fardeau, sous les recommandations de Jack, qui leur criait :

— Quant à Perce-Oreille, prenez soin de lui. Traitez-le avec gentillesse !

Jack les regarda partir et poussa un long soupir. Ce n'était vraiment pas facile d'être le cerveau d'une telle entreprise !

Mais cela avait ses avantages, comme il le découvrit le lendemain. Sur la place de Halloween, les habitants de la ville préparaient Noël. Jack pouvait voir le Savant fou, qui finissait de reconstituer un squelette de renne, Sally, qui confectionnait un magnifique costume rouge. Tout le monde était si absorbé dans sa tâche que Jack sentit son cœur bondir de joie. Son rêve se réalisait.

Il avança en gambadant sur la place, si heureux qu'il lui semblait que ses pieds touchaient à peine le sol. Il y avait tant de choses à admirer ! Autour d'une table, une équipe de vampires attachait des ficelles à de petites lanternes en forme de crâne. Ailleurs, des sorcières façonnaient de petites poupées vaudou. Des loups-garous, travailleurs acharnés de Halloween, peinaient sur un magnifique démon à ressorts. On n'était pas prêt d'oublier ce Noël !

À Noël-Ville, c'était exactement ce que se disait le Père Noël. Alors que ses lutins réunissaient de magnifiques jouets et faisaient cuire toutes sortes de gâteaux, qui vous mettaient l'eau à la bouche, le Père Noël, assis, dans son chalet couvert de neige, cochait une liste, la vérifiant pour la deuxième fois, et secouait la tête, étonné :

— Gentil... gentil... méchant... gentil... gentil... gentil. C'est incroyable, murmura-t-il, il n'y a presque que des enfants gentils cette année.

Son visage rougeaud rayonnait. « On n'cst pas prêt d'oublier ce Noël », se dit-il joyeusement.

Juste à ce moment-là, la sonnette d'entrée résonna.

— Tiens, qui ça peut bien être ? marmonna le Père Noël, surpris.

Il posa sa liste sur la table, s'extirpa de son fauteuil, et alla jusqu'à la porte qu'il ouvrit : trois étranges petits bonshommes, avec un énorme sac, lui souriaient. Ils avaient un drôle d'air. « Pourquoi sont-ils déguisés en sorcière, en démon et en goule ? » se demanda le Père Noël. Mais avant qu'il puisse se poser d'autres questions, il se retrouva plongé dans le noir.

CHAPITRE VIII

— Ça ne te va pas du tout, Jack, dit Sally la Poupée de chiffons, alors qu'elle l'aidait à enfiler son manteau rouge flambant neuf.

Sally détestait tous ces préparatifs de Noël, et encore plus cet habit, même s'il était son œuvre. Jack était bien plus séduisant dans le costume noir qu'il portait habituellement.

Mais Jack était en extase.

— C'est merveilleux ! Ça ne pouvait pas être plus beau ! s'exclama-t-il, tout en boutonnant son manteau.

— Mais tu es le roi des Citrouilles ! lui rappela Sally, espérant le ramener à la raison.

Il ne l'entendit même pas. Ce soir, Jack se trouvait à des années-lumière de

Halloween. Ce soir, enfin, on était le 25 décembre. C'était la nuit de Noël, et tout était prêt !

Son magnifique traîneau en forme de cercueil était rempli de cadeaux préparés par le peuple de Halloween. Il portait un magnifique costume de Perce-Oreille, et bientôt — ce n'était plus qu'une question de minutes — il s'envolerait vers la Terre pour l'aventure de ses rêves !

Jack se contempla dans la glace. Quelque chose manquait, mais il ne savait pas quoi. Il avait pourtant le manteau, les bottes, et même la longue barbe blanche.

Il entendit alors Am, Stram et Gram crier son prénom à tue-tête tandis qu'ils traversaient la place en trombe :

— Jack ! Jack ! Il est dans le sac ! disaient-ils d'une voix surexcitée.

— Cette fois-ci, on a réussi ! se vanta Gram. C'est sûr qu'il est grand !

— Et lourd ! ajouta Stram, essoufflé.

— Je veux sortir ! rugit une voix.

Soudain le sac se pencha, roula et s'ouvrit. Un homme, aux cheveux blancs et à la barbe blanche, grand et gros, en sortit. Ses habits rouges étaient froissés, son bonnet rouge de travers, et son visage rouge, couvert de sueur.

Jack était impressionné.

— Perce-Oreille ! Enfin, vous voilà ! Quel plaisir de faire votre connaissance ! s'écria-t-il.

Le Père Noël n'était pas homme à se laisser facilement impressionner, mais il avait toujours eu une vie protégée, entouré de ses petits lutins joyeux et travailleurs. Prévoir de beaux cadeaux de Noël, puis les distribuer à de gentils enfants endormis, et donc angéliques, ne l'avait pas préparé à... ça !

Il regarda autour de lui, horrifié. Des monstres, des sorcières, tous plus laids les uns que les autres se pressaient contre lui, le visage déformé par la curiosité. Qui étaient ces gens ? Et ce grand type squelettique, qui paraissait être leur chef, pourquoi le regardait-il de cet air bêtement admiratif ?

Dans la tête du Père Noël, mille questions se bousculèrent.

— Quelle surprise, n'est-ce pas ? dit le type squelettique. J'étais sûr que vous seriez étonné ! Vous n'avez pas à vous en faire cette année, pour Noël. On s'occupe de tout, mes amis et moi. Vous avez votre nuit libre !

Le cœur du Père Noël faillit s'arrêter de battre. Ce squelette était fou ! La nuit de Noël était le couronnement de toute l'année : il avait des rennes à conduire, des cadeaux à apporter ! Et ces fous allaient le mettre en retard !

— Mais, je..., essaya-t-il de dire, la voix paralysée par l'épouvante.

— Considérez donc cette aventure comme des vacances, Perce-Oreille, continua le gars squelettique, l'occasion de vous détendre un peu.

Jack prit alors conscience de ce qui manquait à son costume : un bonnet rouge ! Ôtant celui qui ornait la tête du Père Noël, il annonça :

— Pendant que vous vous reposez, je vous emprunte ceci.

L'inquiétude, la colère, la peur firent perdre ses moyens au Père Noël. Avant qu'il ait pu répondre quoi que ce soit, les trois terribles petites créatures qui l'avaient kidnappé l'entraînèrent plus loin. Il n'y avait donc personne pour l'aider ? C'était un vrai cauchemar !

— Non... je vous en prie... attendez..., supplia-t-il.

Mais les gloussements des méchants le réduisirent au silence.

« Quel cauchemar ! » se dit Sally, alors qu'on emportait le Père Noël. Ses pires craintes se réalisaient. On était en plein désastre ! Il fallait agir. Elle se creusa la cervelle... sa cervelle de chiffons.

— J'ai trouvé ! murmura-t-elle soudain, quittant aussitôt la place.

Jack ne la vit pas partir. Il admirait le bonnet rouge qui complétait si bien son magnifique costume. Il le posa de guingois sur son crâne, puis se prépara à monter sur son traîneau. Avant de décoller, il attendait que le maire eût fini son discours.

Jack leva la tête vers l'orateur et, stupéfait, écarquilla les yeux. Tout autour de lui, la même expression d'incrédulité se lisait sur les visages. Un épais brouillard blanchâtre, surgi de nulle part, recouvrit la place en tournoyant. C'était brumeux. C'était sinistre. C'était d'un froid à vous glacer les os, et aussi aveuglant que le brouillard de la fête de Halloween.

— Oh non ! grogna Jack, on ne pourra jamais décoller avec ça. Les rennes distinguent à peine le bout de leurs museaux.

Du brouillard, montaient des gémissements et des plaintes, formant un bruyant concert de lamentations. La fête était gâchée. Mais que s'était-il passé ?

Une seule personne souriait, soulagée : Sally la Poupée de chiffons. La brume était son œuvre. C'était elle qui avait déversé le « jus de brouillard » dans la fontaine de la ville. Sally avait eu la conviction que ce Noël ne devait pas se prolonger, qu'il fallait trouver un moyen de l'arrêter. Elle avait réussi, semblait-il.

Elle essaya d'apercevoir Jack, pour s'assurer qu'il abandonnait enfin son désastreux projet. Mais non ! Il était en train de parler à son petit chien-fantôme, qui planait à ses côtés :

— Zéro, avec ton museau lumineux, est-ce que tu ne pourrais pas guider mon traîneau, ce soir ?

Zéro répondit par un aboiement excité, qu'il accompagna d'une galipette dans les airs.

— Je suppose que cela veut dire oui, dit Jack en souriant. (Il se tourna vers la foule.) Mes amis, annonça-t-il joyeusement, Noël est sauvé ! Zéro va me guider à travers le brouillard !

Sous les vivats de la foule, Zéro s'installa sur la tête du premier renne, son nez étincelant comme un phare. Jack grimpa alors à bord du traîneau et fit claquer son fouet.

— On y va ! cria-t-il. Ho ! Ho ! Ho !

Le traîneau s'éleva dans le ciel, sous un tonnerre d'applaudissements. Une seule note d'inquiétude s'éleva de la foule, si douce et si triste que personne ne l'entendit.

— Au revoir, Jack, murmura Sally. Oh, comme je voudrais me tromper !

CHAPITRE IX

Tandis que Sally quittait tristement la place, le cœur lourd de chagrin, et que Jack voguait à travers les cieux, ivre de joie, Am, Stram et Gram avaient une brève mais passionnante conversation au sujet de leur prisonnier :

— Alors, qu'est-ce qu'on en fait ? demanda Gram.

— On l'emmène chez Boogie, évidemment, répondirent Am et Stram.

— Évidemment, répéta Gram en ricanant. Boogie nous en sera très reconnaissant.

Le Père Noël ignorait tout de ce Boogie. Mais il savait que la fête de Noël était en péril. Il devait convaincre ces terribles petits monstres de le laisser partir.

— Vous n'avez jamais entendu parler de la paix universelle et des hommes de bonne volonté ? cria-t-il tout en essayant de se libérer.

— Non ! cria joyeusement le trio.

Ils resserrèrent les liens du sac. « Qu'est-ce qu'on s'amuse ! » pensaient-ils.

Jack aussi s'amusait : Noël est une fête joyeuse. Il répandait cette joie sur la terre entière. Enfin, c'était ce qu'il croyait. Dans la première maison sur laquelle il s'était brutalement posé, un petit garçon l'avait regardé en silence descendre par la cheminée. Mais quand Jack lui avait tendu son cadeau, l'une de ses têtes réduites préférées, le petit bonhomme avait poussé un cri de joie... strident. Très strident, même.

Jack ignorait totalement qu'il venait de causer la frayeur de sa vie à un enfant innocent. Et cette clameur qu'il entendit, alors qu'il s'éloignait sur son traîneau, n'était pas du tout celle de cris de joie, c'étaient des hurlements de terreur.

Jack poursuivit sa tournée, livrant des douzaines d'horribles, sinistres et macabres cadeaux. Il y eut des hurlements pour la panoplie de sorcière. Des hurlements pour le petit matériel de fossoyeur. Des hurlements pour la guillotine miniature. Des hurlements à vous glacer le sang pour le sac de billes rempli d'yeux de toutes les couleurs, et pour l'élevage de limaces gluantes.

Jack était ravi. On l'avait toujours accueilli de cette façon, il ne connaissait rien de mieux. Quand les gens s'écriaient : « Ces cadeaux sont épouvantables », il prenait cela pour le plus beau des compliments.

Il continua donc de déposer allégrement ses affreux présents, sans se douter des ravages qu'il provoquait. Il s'imaginait que les cris de colère et de dégoût étaient des expressions de gratitude, et il lançait de « Joyeux Noël ! » enthousiastes. Il n'entendait pas les portes qui claquaient sur son passage, ni les verrous qu'on tirait. Selon Jack, tout le monde s'amusait.

Il l'ignorait encore, mais sur la planète entière on le traitait de criminel. Et comme tel, on le traqua avec des armes très puissantes.

Quand Jack vit les lumières des projecteurs et entendit les premiers coups de feu, il fut, encore une fois, ravi.

— Regarde, Zéro, dit-il à son petit chien, un feu d'artifice ! Ils veulent nous saluer, nous remercier d'avoir fait un aussi bon travail.

Un coup mieux ajusté faillit blesser un renne. Jack commença alors à comprendre que quelque chose n'allait pas, mais alors pas du tout...

CHAPITRE X

Bien avant que Jack ne commençât à s'inquiéter, Sally la Poupée de chiffons sut que quelque chose tournait mal. Elle avait vu les explosions dans le ciel. Le téléphone vaudou, lui, transmettait la triste rumeur que le voyage de Jack sur la planète Terre se passait mal.

Sally pressentit qu'une seule personne pouvait leur venir en aide : le Père Noël. Mais où se trouvait-il ? Au mieux, sous la garde de Am, Stram et Gram. Au pire... entre les mains de Boogie. Sally trembla de la tête aux pieds à cette horrible pensée !

Mais quelque chose lui dit qu'elle avait vu juste. Elle savait de quoi était capable le trio. Il n'y avait qu'un seul endroit où ces créatures malfaisantes pouvaient emmener leur prisonnier : dans la chambre de torture souterraine que l'abominable Boogie appelait « sa » maison.

Sally épia donc l'antre du monstre. Ce qu'elle y vit confirma ses pires soupçons. Elle découvrit une scène épouvantable. Le cachot où sévissait Boogie était sombre, humide, couvert de toiles d'araignée, le sol jonché d'ossements. C'était un endroit sinistre, désespérant. Et c'est là que se trouvait le Père Noël, allongé dans la cuvette tournante d'une table de jeux géante — une roulette —, ficelé comme un rôti. Tout autour de lui, Sally découvrit un étrange étalage de jeux avec, entre autres, un dé mangé par les vers et des machines à sous qui crachaient des balles. Debout, contemplant sa victime avec un rictus de méchanceté, se tenait Boogie. Son énorme corps grouillait d'insectes bourdonnants qu'on voyait entrer et sortir de sa bouche.

Boogie faisait de son mieux pour terroriser le Père Noël, et il y réussissait parfaitement. D'ailleurs, paraître effrayant, dégoûtant, épouvantable, cela faisait partie de son travail. Boogie était le croque-mitaine, après tout. Sous les yeux horrifiés de Sally, il se mit à danser autour de son prisonnier, menaçant :

— Tu es vieux, moche, mais qui sait ? tu n'as peut-être pas mauvais goût, dit-il en faisant rouler son dé. Et je commence à avoir faim. Ça te dirait de cuire dans un ragoût d'araignées et de serpents ? Vivant, bien sûr ! C'est meilleur. Qu'en dis-tu ?

— Non ! hurla le Père Noël, laissez-moi partir ! Je vous en prie ! Les enfants m'attendent. Je dois leur apporter leurs cadeaux !

— Ah ! Ah ! Ah ! mais qu'est-ce que tu crois ! C'est fini pour toi ! Ça ne sert à rien de me supplier ! Je suis le grand méchant croque-mitaine, et je vais te manger.

Le Père Noël tira sur les cordes, mais ce fut inutile. Ce monstre l'avait fermement attaché. Boogie s'approcha de lui, de plus en plus près...

Pendant ce temps, haut dans le ciel, un missile s'approchait dangereusement de

Jack. Quand il toucha sa cible, le traîneau fut instantanément détruit, et Jack fit une chute vertigineuse jusqu'à la Terre.

Il atterrit dans un cimetière, entre les bras d'un ange de pierre. Un os de sa mâchoire s'était décroché. Il demeura donc là, silencieux, ne pouvant ni parler ni se cacher la terrible vérité : son Noël avait été un véritable fiasco ! Cette pensée lui fut mille fois plus douloureuse que le choc causé par sa chute.

Il avait été complètement idiot, stupide ! S'il l'avait pu, il en aurait grogné de colère et de déception. Mais il lui manquait sa mandibule. Il attendit donc patiemment que Zéro la lui rapporte.

— Bon chien, murmura-t-il quand ce dernier lui déposa la pièce manquante.

Jack le caressa et remit son maxillaire inférieur en place. Il prit alors sa décision. Il allait tout remettre en ordre ! Pour cela, il lui fallait retrouver Perce-Oreille. Et vite. En serait-il capable ?

— Il faut qu'on essaye, Zéro, dit-il à son fidèle chien. Pourvu qu'on n'arrive pas trop tard.

D'un pas résolu, il courut vers une tombe, en souleva la dalle et descendit quatre à quatre les escaliers qui menaient à Halloween.

CHAPITRE XI

Am, Stram et Gram s'amusaient comme des petits fous. Perchés au-dessus de la trappe d'entrée du cachot de Boogie, ils le regardaient maltraiter non pas une victime, mais deux ! En essayant de sauver le Père Noël, Sally la Poupée de chiffons était tombée entre les mains du monstre.

Alors qu'ils se penchaient pour ne rien manquer du spectacle, les méchants farceurs entendirent soudain un bruit terrifiant dans leur dos. Un bruit d'os qu'on secoue. Ce n'était pas possible ? Mais si ! C'était Jack Skellington ! Hurlant de terreur, les trois créatures prirent leurs jambes à leur cou et disparurent dans la nuit.

Jack prit la place qu'ils venaient de quitter précipitamment et découvrit, en bas, le spectacle terrifiant : Sally et le Père Noël, attachés par des courroies, sur une table de jeu maintenue au-dessus d'un chaudron fumant. Malgré le danger, la courageuse poupée de chiffons disait à Boogie, sur un ton de défi :

— Si tu crois que tu as gagné, tu te trompes ! Attends un peu que Jack entende parler de tout ça ! Quand il en aura fini avec toi, tu auras de la chance si...

Elle fut interrompue par la voix du maire qui parcourait la ville en hurlant dans son mégaphone la terrible nouvelle :

— Le roi de Halloween a été pulvérisé, réduit en cendres. Jack Skellington n'est plus qu'un tas de poussière !

Des larmes jaillirent des yeux de Sally. Boogie, lui, poussa un rugissement de triomphe : Jack parti, il devenait roi de Halloween !

— Un tas de poussière, répéta-t-il joyeusement, en se tournant vers ses prisonniers avec un sourire de cannibale. « ... Et tu retourneras en poussière. » Oh, j'ai faim ! Un coup de dés, et c'est la fin ! chantonnat-il en esquissant un pas de danse pour signifier sa victoire.

Il envoya rouler ses dés géants qui s'arrêtèrent net sur l'as, totalisant deux points.

— Quoi ! Des yeux de serpent ! s'exclama Boogie, furieux.

Tapant du poing sur la table, il fit sauter les dés : l'un s'arrêta sur le cinq, l'autre sur le six, ce qui faisait onze points. Boogie sourit, enfin satisfait.

— Ah ! Ah ! On dirait que j'ai gagné le gros lot !

Il actionna la manivelle de l'instrument de torture et fit descendre ses prisonniers vers l'énorme chaudron bouillonnant.

— Adieu, Poupée de son, adieu Marchand de sable ! clama-t-il par-dessus les hurlements de ses victimes.

Il donna un dernier tour de manivelle, et la table tomba dans le chaudron. Le croque-mitaine ricana, en attendant le « splash » final. Mais il n'y eut pas de « splash ». Il n'y eut même aucun bruit.

— Hein ? s'étonna-t-il.

Il tourna la manivelle en sens inverse et ramena lentement la table à la surface. Là, à la place du Père Noël et de Sally, il vit... Jack Skellington !

— Jack ! s'écria Boogie, reculant de frayeur. Ils ont dit que tu étais mort ! Mais puisque tu es là, je vais t'offrir une double mort !

Boogie appuya du pied sur un levier. La roulette se mit à tourner, déséquilibrant Jack. Au même moment, des cartes géantes, uniquement des rois de pique, se dressèrent tout autour de la roue. Les rois animés menacèrent Jack avec de vraies épées. Jack esquiva habilement chaque coup et parvint à se mettre hors d'atteinte de leurs moulinets. Il eut à peine le temps de voir l'énorme boule de billard qui descendait du plafond, en se hérissant de lames qui tournoyaient.

Boogie éclata d'un rire de maniaque en regardant Jack courir dans tous les sens, pour éviter la double menace. Les insectes, dans le corps-sac du monstre, volaient d'un côté et de l'autre, soulevant et ballonnant son ventre.

— Allons, allons, Sac d'os ! dit-il en tirant sur une chaîne au-dessus de sa tête.

Les rois rangèrent leurs épées et reculèrent. Aussitôt une armée de machines à sous se mit en marche.

— Feu ! ordonna Boogie.

Les machines commencèrent à tirer comme des cow-boys, et Jack, aussi rapide que l'éclair, sauta sur l'une d'elles. Le croque-mitaine poussa un juron de colère. Il appuya sur un bouton qui envoya la roulette sur Jack, tel un boomerang.

— Attention ! hurla Sally.

Jack eut juste le temps de faire un écart avant que la roulette, telle une effrayante scie circulaire, ne tranche les bras de deux machines à sous. La poupée de chiffons poussa un soupir de soulagement. Jack sauta de nouveau, pour atterrir devant Boogie. Maintenant, ils pouvaient avoir un combat loyal. Mais aussitôt le croque-mitaine posa le pied sur un autre levier.

— Au revoir ! cria-t-il, en se catapultant sur la boule de billard, hors de portée de Jack.

Ce dernier leva les yeux vers lui.

— Comment oses-tu traiter aussi mal mes amis ? dit-il d'une voix calme.

Puis il tendit son bras squelettique et tira sur un fil qui pendait du corps de Boogie.

Sally et le Père Noël, qui observaient la bataille tapis dans un coin du cachot, mirent un moment à comprendre ce qui se passait. Lentement d'abord, puis de plus en plus vite, le corps-sac commença à s'effilocher. Boogie avait beau se tortiller et s'agiter, il ne pouvait rien y faire. En quelques secondes, il n'y eut plus qu'une masse d'insectes éparpillés, là où le croque-mitaine se trouvait un instant auparavant.

— Regarde ce que tu as fait ! geignit la voix de Boogie perdue dans l'essaim bourdonnant. Mes insectes ! Mes insectes !

Boogie le croque-mitaine avait disparu pour de bon.

Radieuse, Sally se releva. Le Père Noël s'épongea le front, et Jack présenta ses excuses.

— Pardonnez-moi, Perce-Oreille, je crois que j'ai causé une belle pagaille.

— Le voyage était un peu agité, se moqua le Père Noël. Tu sais, l'esprit de Noël ce n'est pas seulement une hotte remplie de jouets... et un bonnet rouge, ajouta-t-il en reprenant le sien.

Il se dirigea vers la sortie.

— J'espère qu'il n'est pas trop tard, dit Jack, qui le suivait.

— Bien sûr que non, dit le vieux lutin. Voyons, je suis le Père Noël !

Et sur ces mots, il pressa un doigt sur une narine et se hissa le long de l'étroit conduit qui menait à l'extérieur.

— Il arrangera tout, Jack, il sait ce qu'il faut faire, dit Sally, essayant de réconforter son ami.

Jack se tourna vers la Poupée de chiffons. Soudain, ce fut comme s'il la voyait pour la première fois.

— Et toi, comment t'es-tu retrouvée là ? demanda-t-il.

— Je voulais... euh... J'essayais de...

La petite poupée rougit et se tut.

— ... de m'aider, finit Jack à sa place. Mais Sally, je ne savais...

Ils entendirent alors une voix tonitruante, au-dessus d'eux.

— Jack ! Jack !

Le maire apparut, accompagné de Am, Stram et Gram.

— Le voilà ! annonça Am.

— Sain et sauf ! constata Stram.

— Qu'est-ce que je vous disais ! ajouta Gram.

— Attrape ça, mon garçon ! cria le maire en lançant une échelle de corde dans le repaire du défunt Boogie. Dépêche-toi, tout le monde t'attend !

Le maire et le trio infernal aidèrent Jack à sortir du cachot et le conduisirent sur la place de la ville.

Quand Jack fit son apparition, la foule en délire l'applaudit à tout rompre.

À ce moment-là, on entendit un autre salut qui venait du ciel.

— Ho ! Ho ! Ho ! Joyeux Noël à tous !

Les habitants de Halloween levèrent la tête et virent le Père Noël qui voguait sous la Lune, dans son traîneau chargé de cadeaux. Jack lui fit de grands signes de la main. Et, comme pour lui répondre, quelque chose de doux, de blanc et de froid commença à tomber en flocons. C'était le cadeau du Père Noël pour Halloween : de la neige !

Un cri de bonheur s'éleva jusqu'au ciel. L'esprit de Noël était enfin présent sur Halloween.

D'une colline qui surplombait la ville, Sally la Poupée de chiffons regardait la fête se dérouler, avec un sourire un peu triste. La Lune brillait. La neige était belle. La joie régnait partout. Seul le cœur de Sally était agité de craintes.

Elle soupira. Sa solitude prendrait-elle fin un jour ? Jack l'aimerait-il ? Elle cueillit une fleur et en arracha les pétales l'un après l'autre :

— Il m'aime, un peu, beaucoup, passionnément, à la folie, pas du tout... Il...

Une mince et élégante silhouette se profila sur le sol enneigé et s'arrêta près d'elle. Sally la Poupée de chiffons leva les yeux, osant à peine y croire.

— ... Il t'aime, dit Jack Skellington.

ÉPILOGUE

Le Père Noël n'oublia jamais cette nuit, la plus longue de toute sa carrière. Elle fut effrayante, terrifiante même, mais, lorsqu'il y repense, il ne peut retenir un sourire.

Car, il faut bien le reconnaître, il s'était beaucoup amusé cette fameuse nuit. C'était étrange. Il ne se l'expliquait pas lui-même, mais tous ces frissons et claquements de dents n'avaient pas été si désagréables. Bien sûr, il n'avait jamais avoué cela à personne, ni à madame Noël ni à ses fidèles lutins.

Ces derniers ne sauront donc jamais que, parfois, quand il s'ennuie un tout petit peu, quand il est un peu las de cette vie joyeuse, un peu las de répandre le bonheur, le Père Noël grimpe sur son traîneau et disparaît quelque temps.

Pour aller où ?

Mais à Halloween ! où il rend visite à son ami Jack.

Et là, les deux compères s'assoient. Ils se rappellent les bons moments passés ensemble et se moquent gentiment l'un de la fascination de Jack pour Noël, l'autre de l'affection secrète du Père Noël pour Halloween.

À la fin de chacune de ses visites, le Père Noël ne manque jamais de poser la même question à son ami :

— Jack, mon garçon, dit-il, le regard coquin, et si c'était à refaire... ?

Question à laquelle Jack répond invariablement, avec un sourire malicieux :

— ... Je referais exactement la même chose, bien sûr. Pas toi ?

Cet ouvrage a été composé
par
TÉLÉ-COMPO - 61290 BIZOU

Achevé d'imprimer
par Maury-Eurolivres S.A.
45300 Manchecourt

Dépôt légal : décembre 1994.